# DISCUSSION

# SUR LA TAXE DU SEL.

## SÉANCES DES 15 ET 17 AVRIL.

> La question du sel qui, pour les classes inférieures, est vraiment *une question de vie et de mort*, est d'ailleurs d'un faible intérêt pour la grande et la moyenne propriété, qui se disputent l'empire.
> (*Journal du commerce :* mai 1829.)

PARIS,
A. PIHAN DE LA FOREST, IMPRIMEUR,
RUE DES NOYERS, N° 37.

1833.

# EXTRAITS

*Des comptes rendus depuis le règne d'Henri IV, par M. Mallet, premier commis des finances, Sous le contrôleur-général Desmaretz.*

---

Tout paie : et pour peu qu'on réfléchisse sur la qualité et quantité des droits établis, on ne pourra s'empêcher de convenir que ceux qui en ont été les auteurs, ont voulu, pour ainsi dire, punir la nature des dons qu'elle nous a faits; et qu'ils ont risqué de rendre la terre inculte, en fatiguant, par différens impôts, ces malheureux qui épargnent aux autres hommes, la peine de labourer, de semer et de recueillir. (P. 26.)

On doit observer, à l'égard des droits mis sur les denrées consommables, que le laboureur, le vigneron, l'artisan, l'ouvrier, en un mot le peuple, est celui qui en fait le plus d'usage.

Que c'est sur lui, par conséquent, que les droits tombent le plus; et que n'étant pas en état d'acheter les denrées nécessaires, lorsque les droits excèdent le prix de la denrée, comme pour le sel et le vin, il est forcé de se réduire à une nourriture faible; et que c'est un grand malheur pour l'Etat, lorsque les laboureurs et les artisans n'ont pas le moyen de se nourrir eux et leurs enfans. (P. 27.)

Les habitans des campagnes, étant accablés par le paiement des tailles et gabelles, et ayant peu d'intérêts au remboursement des rentes dues par le roi, c'est au riche possesseur de biens-fonds à venir au secours de l'Etat pour opérer sa libération. Tels furent les motifs qui déterminèrent le gouvernement à adopter, pour douze années, l'établissement du cinquantième du produit des terres, maisons et biens-fonds.

Comme ce n'est point la qualité des personnes, mais la quantité du bien, qui doit fournir ce secours, il ne portera que sur ceux qui auront le moyen d'y contribuer; et ce seront eux qui retireront tout le fruit de cette mesure, par l'abaissement de l'intérêt et l'abondance de l'argent. (P. 423.)

## *Séance du 23 avril.*

( *Rapport sur les recettes à la chambre des pairs.* ) « On sait que l'impôt direct, lorsque en temps ordinaire, il n'est pas excessif, se prête à des accroissemens momentanés, alors que les taxes indirectes faiblissent ; mais qu'il a l'inconvénient d'exiger de fâcheuses rigueurs, tandis qu'en fait, l'impôt indirect est facultatif, varie selon la prospérité, et se recueille par parties insensibles, toujours disponibles. »

On sait; c'est le mot cabalistique.

On sait; il n'y a besoin de le démontrer; même il n'y a moyen de le contester.

Dès-lors que, de sorte ou d'autre, on en est venu à se persuader qu'on sait; à la fois, la peine à prendre, la honte à revenir, empêchent à jamais de rechercher, si c'est à bon droit qu'on sait.

Aux deux tribunes, on sait de même, on sait d'accord, on sait en écho.

Le discours de l'une est tiré, comme à la calque, sur le discours de l'autre.

Pas moins, tout est faux.

Certes, il faut que l'impôt direct ne soit pas excessif, pour se prêter à des accroissemens, alors que les taxes indirectes faiblissent.

Il reste à connaître s'il est ou n'est pas excessif à présent; s'il se prête ou ne se prête pas à des accroissemens en ce moment.

Il reste à découvrir, comment les taxes indirectes faiblissent, comment se reconnaissent les taxes indirectes.

Ici, délaissons la synthèse pour l'analyse : passons des vaines généralités aux spécialités réelles.

A la vérité, en temps de troubles et de crises, au cas de conquête ou de famine, les taxes indirectes faiblissent.

Autrement, et pendant la guerre de mer ou de terre, parmi les taxes indirectes existantes, les impôts sur les boissons et le tabac s'élèvent en un sens, s'abaissent dans l'autre; demeurant au pair à peu près.

Les droits d'entrée sur les sucres, cafés, etc. ne fléchissent sensiblement, qu'autant que le tarif soit forcé comme sous l'empire.

Quant à la taxe du sel, ni guerre quelconque, ni même troubles et crises, conquête et famine, n'entraînent son affaiblissement.

Autant et plus que l'impôt direct en général, que l'impôt foncier même, elle est immuable, invariable, inaltérable.

Et tout de même, lorsque en temps ordinaire, *elle n'est pas excessive*, au point de miner les forces vitales et de fermer les emplois productifs, elle se prête à des accroissemens momentanés.

Et bien au-dessus, lorsque en temps ordinaire, elle a été assez modérée pour donner l'habitude de la denrée, à un haut degré dans les besoins de la vie; pour en déterminer l'usage en une large façon, dans les œuvres du travail; ses accroissemens momentanés fournissent un énorme produit.

C'est-à-dire qu'en abaissant maintenant son taux de 30 francs à 5 francs le quintal métrique, la consommation viendrait à doubler, à tripler en peu d'années; et qu'ensuite, à l'ordre de la nécessité, en relevant le taux à 30 et par de là, elle ne diminuerait que du tiers ou du quart de l'excédent acquis.

Tellement que la même taxe de 30 francs donnerait des rentrées doubles de celles actuelles.

Méthode simple et certaine, dont l'Angleterre a fait usage diverses fois, réduisant le tarif des thés et cafés, des sucres et esprits, puis le remettant pareil ou supérieur, après l'augmentation de la quantité consommée.

En dépit des échos répercutés de l'une à l'autre tribune, voilà comment les taxes indirectes faiblissent; et voici comment se reconnaissent les taxes indirectes.

Il faut retracer le dernier membre de phrase du rapport fait à la chambre des pairs.

« En fait, l'impôt indirect est *facultatif*, varie selon la *prospérité*, et se recueille par parties *insensibles*, toujours *disponibles*. »

La définition est parfaite, est complète; mais à quelles taxes s'appliquent la définition?

Sans doute aux taxes sur les objets de luxe, d'agrément, même d'utilité secondaire, dont l'usage s'accroît ou décroît, en raison composée du taux fiscal et des moyens pécuniaires.

En ce cas, l'impôt est vraiment facultatif : l'impôt se recueille, selon les expressions du rapport, par parties insensibles, toujours disponibles.

En tout autre cas, et quant aux taxes sur les objets d'utilité primaire, et surtout de nécessité, l'impôt n'est nullement facultatif, ne se recueille pas en une telle façon.

C'est à tort, c'est à contre-sens, que les dernières taxes sont classées sous la rubrique des taxes indirectes : car la définition ne s'applique en rien à elles.

*Facultatif* est incompatible avec nécessaire.

En *prospérité* ou en adversité, le taux des nécessités ne varie pas.

*Par parties insensibles*, cela ne se rencontre pas plus dans ces taxes qui sont à débourser au terme d'un ou deux mois, que dans l'impôt direct, qu'il y a à payer par douzième.

Enfin, par parties *toujours disponibles*, cela ne se réalise dans l'état de malaisance, ni quant à celui-ci, ni quant à celles-là :

Et dans l'état d'indigence, qui est exempté de cet impôt, qui subit à un degré d'autant plus haut ces taxes, cela ne se réalise jamais.

Ecoutons la parole du maître. En rapprochant et comparant des passages peu éloignés, il n'est si mince écolier qui n'entende.

*Caractères des taxes indirectes.*

( *Rapport sur les recettes* : 1832. ) « Il nous reste à examiner les effets des contributions indirectes en général.... Entre deux impôts de somme égale, le moins senti, sans nul doute, est celui qui, en se confondant avec le prix des choses, est en quelque sorte *inaperçu*.

« Les impositions de cette nature *se proportionnent* d'elles-mêmes, aux facultés de chacun, se perçoivent sans contrainte, sans violence, sans garnisaires.

« Elles identifient le gouvernement avec le mouvement de la fortune publique, et l'avertissent par *la diminution* ou *l'accroissement* des produits, s'il fait fausse route, ou s'il est dans la bonne voie.

« Dans ce système enfin, les étrangers contribuent au paiement de nos charges ; et chaque contribuable *détermine* lui-même la quotité de sa taxe, en usant plus ou moins des objets imposés... » ( *P*. 27. )

« Contributions indirectes et répartition proportionnelle, sont choses inconciliables ; du moment que l'on ne veut pas que les taxes atteignent indistinctement tous les consommateurs, il n'y a plus qu'un parti à prendre, *c'est d'y renoncer*. » ( *P*. 30. )

*Caractères de la taxe du sel.*

( *Même rapport*. ) A cette autre allégation, que l'abaissement de la taxe serait balancé par une plus grande consommation, on a opposé l'autorité des faits.

« Le sel est un objet de *nécessité* pour l'homme, et non pas de jouissance, dont il puisse faire excès : la quantité nécessaire à son régime alimentaire, est à peu près *invariable*.

« Dans les provinces de grande gabelle, où le sel se vendait 13 sous la livre, la consommation était à peu près ce qu'elle est aujourd'hui : il est donc vrai que la quotité de la taxe, *n'affecte point* la consommation de l'homme.

« En ce qui concerne l'agriculture, l'emploi qu'elle ferait du sel, si la taxe n'existait pas, n'augmenterait pas la consommation au-delà de 50 pour o/o. L'abaissement de la taxe aurait pour résultat financier certain, de faire perdre au trésor, une partie notable de son revenu. » ( *P*. 30. )

« Il est un point sur lequel nous avons été unanimes, c'est que l'impôt du sel devra être réduit, aussitôt que la prospérité aura repris son cours....

« L'impôt fort lourd, sans doute, a, du reste, l'avantage de ne point gêner le mouvement commercial, et de rester *également productif*, malgré la difficulté des temps. » ( *P*. 31. )

Est-ce clair maintenant?

Comprend-on enfin que la taxe du sel est moins une taxe indirecte, que l'impôt mobilier et locatif, qui est assis sur la consommation totale ;

Est moins une taxe indirecte, que l'impôt foncier même qui est parfois dégrevé, à raison des non valeurs ou des pertes graves.

Comprend-on que la taxe du sel est une capitation pure et simple ; sauf en ce point que le taux est progressif en raison exacte du dénuement ;

Qu'elle est un impôt personnel, c'est-à-dire un impôt direct au plus haut titre, c'est-à-dire le seul impôt complètement, parfaitement direct.

Comprend-on que la taxe du sel n'est catégorisée parmi les taxes indirectes qu'au moyen d'une *confusion d'idées et de mots*. (*Ministre des finances*, 17 avril.) ;

Et que toutes les paroles brillantes ou non, piquantes ou non, débitées à ce sujet, se résolvent en un jeu de mots.

Lugubre, sinistre jeu de mots, par suite duquel 70 ou 80 millions sont extraits du pur sang des peuples, et sont ravis à la plus stricte subsistance, sont ravis à la reproduction la plus précieuse.

---

*Séances des 15 et 17 avril.*

Des faits qui parlent haut, d'une part; des mots qui ne disent rien, de l'autre.

D'une part, des députés en nombre portant la parole : de l'autre, deux ministres laissant tomber quelques phrases.

C'est-à-dire la grande majorité pénétrée de l'évidence, et ne cédant qu'à l'apparente nécessité.

Si bien qu'à l'annonce d'un projet de loi sur les sels : MARQUES DE SATISFACTION. (*Moniteur.*)

Et qu'à la promesse du ministre à ce sujet : SENSATION PROLONGÉE. (*Moniteur.*)

Si bien que la feuille ministérielle du lendemain se hâte de répéter les garanties, au *recto* et au *verso*.

« La discussion n'a jeté aucune lumière sur cette question: mais il paraît qu'elle sera bientôt l'objet d'un examen plus solennel, puisque M. le ministre des finances a annoncé qu'il se proposait de soumettre bientôt aux Chambres un projet de loi à ce sujet. M. le ministre a même donné lecture d'un des articles, en vertu duquel l'emploi du sel, dans la fabrication des produits industriels, à l'amendement des terres, ou à la nourriture des bestiaux, sera rendu aussi facile que les intérêts du trésor le permettent. Cette innovation conciliera toutes les opinions. ( *Nouvelliste*, 18 avril. )

Oui, la discussion n'a jeté aucune lumière nouvelle ; par la simple raison qu'aucune lumière n'était plus à répandre, les aveugles seuls manquant encore d'être éclairés.

Non, l'innovation ne conciliera point toutes les opinions : par cette première raison, qu'elle échouera au titre d'impossible ; par cette seconde raison, s'il est besoin, qu'elle ne porte que sur le moindre point.

« Le temps approche donc où nous ne verrons plus des questions positives, des questions sur lesquelles l'étude et l'expérience peuvent prononcer d'une manière qui satisfasse tout ami du pays, servir de texte aux passions politiques et à des discussions qui, sans cesse renouvelées, entretiennent des préjugés nuisibles au bien-être de la société, des espérances impossibles à réaliser, et par là destructives de tout ordre social, de toute prospérité, chez les classes même auxquelles on les inspire. (*Idem.*)

Pardon encore à l'écrivain officiel.

D'abord, quant aux passions politiques, aux préjugés nuisibles, aux espérances destructives, c'est si facile d'y couper court, en se rendant aux conseils ralliés de la justice, de la sagesse, de la convenance.

Puis, si l'étude et l'expérience peuvent prononcer de manière à satisfaire tout ami du pays ; pour Dieu ! qu'elles prennent donc à leur service d'autres organes, ou que les mêmes organes se mettent à mieux remplir leur office.

Un bref commentaire des discours prononcés suffira à prouver cette allégation.

---

( *Ministre du commerce.*) « Dans les impôts payés par les riches, je range l'impôt foncier, 240 millions ; l'impôt des portes et fenêtres, 26 millions ; les aliénations, 78 millions ; les successions, 34 millions ; les douanes, 107 millions; les postes, 36 millions. Ainsi cette classe paie 526 millions.

« Dans les impôts qui pèsent également sur les riches et les pauvres, je range l'impôt personnel et mobilier, 51 millions ; les patentes, 50 millions; le timbre, 29 millions; les actes de toute espèce, 50 millions : en tout 189 millions.

« Dans les impôts qui ne pèsent que sur les pauvres, je comprends l'impôt du sel, 60 millions; celui des boissons, 66 millions; du tabac, 68 millions; de la loterie, 10 millions : au total, 205 millions.

« Il résulte de là que la classe riche paie les deux tiers de l'impôt, lequel ne peut être ainsi appelé *aristocratique.* »

*Erratum.* L'impôt foncier est payé à moitié par des propriétaires pauvres, au dessous de 15 francs de cote :

C'est de même pour les aliénations et les successions.

Les portes et fenêtres sont payées par les pauvres aux trois quarts et les postes au quart.

Il y a donc à retrancher :

| | |
|---|---|
| 1er article . . . . . . . . . | 120 millions |
| 2e article . . . . . . . . . | 56 |
| 3e article . . . . . . . . . | 28 |
| | 204 millions |

Il reste au compte des riches . . 522

Sur le second paragraphe, il faut remarquer que l'impôt personnel est acquitté par les pauvres aux neuf dixièmes.

Quant au dernier, on doit observer que les riches paient un dixième de l'impôt du sel, un sixième de l'impôt des boissons et du tabac.

En somme, les riches paient :

| | |
|---|---|
| Premier paragraphe . . . . | 522 millions |
| Second paragraphe. . . . . | 80 |
| Dernier paragraphe . . . . | 20 |
| | 422 |

Il reste à la charge des pauvres environ . . . . . . . . . . 460 millions

D'où il résulte que la classe riche ne paie pas la moitié de l'impôt : lequel peut être ainsi appelé *aristocratique*.

On voit que le ministre parle des riches, des pauvres, d'une manière fort confuse, et paraît entendre sous ces noms, les propriétaires et les non propriétaires :

Bien que parmi ceux-là, les trois quarts et plus sont dans la malaisance ou même dans l'indigence ;

et que parmi ceux-ci, un quart peut-être est aisé ou même opulent.

De là, les erreurs de calcul.

( *Ministre du commerce.* ) « L'impôt foncier est donc l'impôt essentiel de la guerre. S'il est de 250 millions et que vous le portiez à 300, il résistera. Il faut que le propriétaire paie ou qu'il abandonne sa terre.....

« L'avantage de l'impôt indirect consiste dans son élasticité. L'impôt direct ne donne que ce qu'on lui demande. L'impôt indirect, au contraire, est élastique; il varie comme la prospérité. En temps de paix, il donne beaucoup plus qu'on n'attendait.....

« Il faut d'un côté l'impôt direct, à cause de sa solidité qui lui permet de résister en temps de guerre; et de l'autre l'impôt indirect, parce que sous l'influence, sous le soleil de la paix, il s'épanouit, il s'étend. C'est la corne d'abondance....

« L'impôt direct est aveugle, obligatoire, comme la guerre dont il est l'expression: il est comme la guerre, sans oreilles, sans entrailles.

« L'impôt indirect laisse à chacun le droit de faire ce qui lui convient. Ainsi, quand on impose le vin, le sucre et autres denrées, on ne demande au peuple que ce qu'il peut prélever sur ses plaisirs. »

On retrouve ici, quant aux choses, la même confusion, qui se montre plus haut, quant aux personnes.

La définition de l'impôt indirect, qui est fort juste, ne s'applique qu'à l'impôt auquel sied cette dénomination.

Cet impôt est élastique et variable.... il s'épanouit, il s'étend; c'est la corne d'abondance....

Il laisse à chacun le droit de faire ce qui lui convient : il ne demande que ce qu'on peut prélever sur ses plaisirs.

Cela est vrai, en entier, quant aux objets d'agrément, et aux trois quarts, à moitié, au quart, quant aux objets d'utilité, en raison de son degré :

A peu près dans cet ordre, thé, café, sucre, vin, bière et cidre.

Cela est faux, quant aux objets de nécessité, au quart, à moitié, aux trois quarts, en totalité, en raison du degré.

A peu près dans cet ordre, viande, beurre et graisse, substances végétales.

Entre lesquels vient se placer le sel, dont l'usage se bornant à faciliter la digestion, est plus difficile à réduire que l'emploi des alimens même, parfois poussé par l'appétit au-delà du besoin.

Qu'on applique le nom : on n'altère pas la chose.

L'impôt sur le nécessaire contraste, en tout point, avec l'impôt sur l'utile, sur l'agréable : ayant ce double caractère, qu'il ne s'étend et ne se resserre, ni en raison des prix bas ou hauts, ni par suite des moyens forts ou faibles.

Le nécessaire est strict : rien à dire de plus.

Autant qu'il semble, quelque vue instinctive éclairait le ministre sur ce point, puisqu'il ne parle que du vin, du sucre, etc., etc.

Autant qu'il semble, en sa pensée intime, la dénomination d'impôts indirects n'allait pas au-delà de ces denrées d'utilité : car, quant aux impôts des nécessités, il n'est pas homme à avancer, que leur acquit s'opère sur ce que le peuple *peut prélever sur ses plaisirs.*

Certes, l'impôt qui se prélève sur les menus plaisirs, et l'impôt qui se perçoit sur le nécessaire vital, sont au plus loin d'être analogues.

Sous quelque rapport que ce soit, ce dernier est intitulé à tort, du titre d'impôt indirect; et plutôt il devrait être désigné sous le nom d'impôt direct : n'ayant avec celui-là que la ressemblance des formes; étant avec celui-ci parfaitement identique, au fond, en réalité.

Ainsi, la taxe du sel, qui seule est de cette nature, est impôt direct, *à cause de sa solidité en temps de guerre.*

Elle est impôt direct, *comme aveugle et obligatoire, comme étant sans oreilles, sans entrailles.*

Elle est impôt direct, en ce sens, qu'en temps de guerre, il y a moyen de l'augmenter, parce qu'il faut que le consommateur *paie ou qu'il abandonne la vie.*

Qu'on proroge donc et qu'on aggrave encore la taxe du sel, jusqu'au taux des grandes gabelles; toutefois en garantissant à chacun, *le droit de faire ce qui lui convient*; autrement le droit d'acheter autant qu'il lui plaît, de la denrée, dont il ne peut se passer, s'il veut vivre,

Mais qu'on ne décore pas cette taxe, pas plus qu'on ne décorait la gabelle, du titre d'impôt indirect.

Qu'on ne prétende pas à l'égard de l'une, plus qu'à l'égard de l'autre, que le paiement d'une somme fixe dans la main du débitant, diffère aucunement du paiement de la même somme, aux mains du collecteur.

Qu'on ne soutienne pas que la taxe acquittée sur 15 livres de sel, à raison de 45 sous par tête, soit autre chose qu'une capitation pure et simple : de même que l'était jadis le prix coûtant des 13 livres, qu'il fallait lever au grenier à sel.

Passons, car le sujet reviendra encore sous la plume.

(*Ministre du commerce*). « Le meilleur moyen d'atteindre le riche, c'est de varier l'impôt, de le répartir sur toutes les consommations.

« Quand l'impôt est varié, de manière qu'il a sa part dans le prix de toutes choses, celui qui consomme le plus, c'est-à-dire le riche, est celui qui paye la plus grande part de l'impôt.

« Celui qui consomme une voiture, l'achète chargée de l'impôt payé par l'ouvrier, sur le vin, le sel, le tabac, etc., etc.

« Celui qui consomme les objets les plus coûteux, est celui qui consomme, sous l'apparence du luxe, la plus grande somme possible. Je ne sais pas si je suis clair. (*Oui, oui.*) »

Voilà des assertions de sorte fort diverse.

Dernière assertion, évidente, banale peut-être : *Celui qui consomme les objets les plus coûteux, consomme la plus grande somme.*

De tels lieux communs sont propres peut-être à faire ronfler la voix, à faire retentir la salle ; du reste, à rien.

Seconde assertion, vraie ou fausse, en raison des lieux, des temps : celui qui consomme une voiture, l'achète chargée de tous les impôts de l'ouvrier.

Sans doute, il l'achète chargée : mais il ne rembourse pas toujours la charge. Et souvent, il ne la rembourse qu'après que son avance a ruiné de fortune ou de santé, l'ouvrier.

Et s'il la rembourse, avec les intérêts à fin de compte, ce serait plus simple, plus juste ce semble, qu'il l'acquittât dès l'origine, à valoir sur le prix d'achat.

Première assertion, tantôt vraie, tantôt fausse, ainsi que la seconde, dont elle est le corollaire ; et plutôt vraie, dans les jours calmes et les pays riches; plutôt fausse, au cas de trouble et de misère :

Attendu qu'alors, le remboursement ne s'effectue guère en plein et à temps ; ou même, que l'acquittement reste trop souvent à la charge, ou des besoins de vie, ou des moyens de travail.

En tout cas, en admettant la supposition, il est indifférent que l'impôt soit réparti sur toutes les consommations, ou sur une seule consommation;

sur le logement, le vêtement, l'aliment, dans tous leurs détails, ou sur l'aliment principal et général.

Si l'impôt est varié *et a sa part en toutes choses*, il en résulte seulement que les frais de régie et de saisie s'exagèrent d'autant.

Mais il y a un point capital, un fait prééminent qu'on ne veut pas ou qu'on ne sait pas observer, et qu'en conséquence, on ne compte pour rien, on ne considère en rien.

C'est la rubrique commune, triviale, de ne voir que des gens qui commandent, et des gens qui opèrent, le travail; de ne songer, de n'aviser qu'à fournir du travail.

Si bien qu'en se confiant à la promptitude, à la plénitude du remboursement des avances, il n'y aurait qu'à abolir tous les impôts directs, et et à les remplacer par des taxes indirectes; ensuite à éliminer toutes celles-ci, sauf une seule, et à ériger une taxe unique sur l'objet de nécessité absolue, égale, constante, sur le pain.

Cependant, il existe une immensité d'êtres du genre parasite, si l'on veut, petits propriétaires et rentiers, serviteurs et domestiques, indigens et malades, enfin vieillards et femmes et enfans : lesquels sont ineptes à opérer le travail, ou sont impuissans à en commander la même quantité, à un prix plus haut.

Pour ces êtres, peu importe qu'il y ait du travail; et fort importe qu'il n'y ait pas de taxes sur les nécessités.

Ont-ils le droit de vivre? Toute la question est là.

De plus, si la statistique menteuse des chiffres, dont on fait tant de bruit, venait à faire place à la statistique véridique des êtres, la France s'offrirait sous un autre point de vue, du moins à l'égard des campagnes, qui contiennent au-delà des trois quarts de ses habitans.

Chose étrange, sinon absurde!

On se complaît à porter le nombre des propriétaires, avec leurs familles, à 24 et 26 millions : et on omet de se rendre compte, que la grande majorité, subsiste presque entièrement du produit de leur chétif bien, et ne travaille guère qu'à charge de retour, entre voisins.

Ce qui ne peut être autrement : par la raison que les moyens propriétaires seulement, et parfois quelques petits propriétaires, donnent du travail à prix d'argent.

Pour ces êtres, il n'y a moyen de fournir du travail; et il n'est moyen de prendre part au travail fourni par l'industrie.

A peine, quelque emploi leur est offert par les routes et canaux : lequel cessant bientôt, les laisse déshabitués du travail des champs, et habitués à un surcroît de besoins, à la fois infortunés et démoralisés.

Pour ces êtres, il importe uniquement qu'il n'y ait pas de taxes sur les nécessités.

Ont-ils le droit de vivre? Ici, il n'y a pas de question.

Ces deux catégories sont mises tout-à-fait hors de cause, dans la science économique du siècle. Ce sont plus qu'ilotes, à pressurer, à torturer; ce sont fantômes, ombres vaines, à ne pas considérer.

Pourtant, la première renferme le quart et plus de la population; et la seconde qui, parfois fait double emploi avec elle, en contient la moitié environ.

En somme, elles comprennent les deux tiers des êtres ayant vie, ayant droit, sur le sol de France.

Eh bien, l'anathème est prononcé d'en haut, contre quiconque ose en rappeler la mémoire, en retracer les droits, les titres.

(*Ministre du commerce*). « C'est de l'hypocrisie calculée.... Il y a des gens qui y mettent de la malice.... Derrière vous, il y a des factieux qui aggravent vos paroles.... Vous n'avez pas le secret des mauvaises passions ..... Vous établissez la division entre les pauvres et les riches.... Ce qui répugne le plus, c'est de payer l'impôt.... Craignez d'ébranler cette sévérité de devoir, qui fait payer avec résignation....

« Ne nous apportez pas des théories impossibles.... Abandonnez ces vues d'utopistes honnêtes..... Ce ne sont que paroles vaines et vides.... Nous n'avons pas le cœur plus dur que vous.... Si nous paraissons durs, c'est que la nécessité parle.... Croyez en notre sincérité....

« Il n'y a plus ni le prestige du pouvoir, ni le respect des autorités : il n'y a plus rien. Mais il y a encore heureusement des riches et des pauvres, et c'est cette division qu'on veut fomenter. »

*Heureusement :* ce mot qui semblait échappé dans l'improvisation, est vraiment le mot sacramentel.

Qu'on se garde bien, non-seulement de tendre à l'impôt progressif, en vain réclamé par Montesquieu, Necker, Smith, etc.; mais encore d'atteindre à l'impôt proportionnel, en vain proclamé dans la charte.

Qu'on se garde, non pas de faire qu'il n'y ait plus de riches et de pauvres; mais de faire qu'il y ait de moins riches, et de moins pauvres.

L'attentat est au même degré.

Voyez plutôt comment l'expression timide de l'impôt proportionnel, émeut les sens, égare les esprits, embrâse les ames, s'il y a ames.

La pythonisse de Delphes, la sibylle de Cumes, restent fort en arrière, quant au trouble, au désordre des idées.

(*Ministre du commerce*). « Comment imposerez-vous tous les gens à porte-feuille? Comment les reconnaîtrez-vous? Impôt proportionnel, tout cela n'est qu'un mot; proportionnel tant que vous voudrez; mais enfin, comment l'établirez-vous? Ainsi c'est un véritable impôt progressif, l'impôt des riches, etc.....

« Vous n'avez donc aucun moyen d'exécution que celui de l'arbitraire. Quand on veut faire de l'arbitraire, il faut être sincère, et comme la révolution, l'avouer hautement, et quand on fait de la révolution, avoir le courage de le dire....

« C'est du 93 en administration, et son impôt proportionnel, c'est l'impôt sur les riches. Je m'arrête, car la chambre, ainsi que moi-même, doit être fatiguée....

« Je n'ai pas d'ailleurs la mémoire très présente, et j'ai l'esprit trop agité. »

Ainsi, il est écrit dans le *Moniteur*, et mot pour mot, phrase pour phrase, virgule pour virgule.

(*Ministre des finances*). « Les contributions indirectes sont toujours attaquées.... Aucun *argument* nouveau n'a été produit; ce sont les mêmes reproches : *nos impôts accablent le pauvre et ménagent le riche.* »

Est-ce donc là un argument, à la manière des sophismes de l'école? N'est-ce pas plutôt un adage, de même sorte que la fable de la poule aux œufs d'or.

Car, qui nourrit le riche, sinon le pauvre? et si le pauvre pâtit, tant pis pour le riche.

En tout cas qu'on le réfute? Jusques là, il n'y a qu'à le répéter.

« A en croire cet orateur, tout est déclin parmi nous. La France manque des choses nécessaires à la vie. »

Non pas la France : mais bien les Français, en nombre immense.

« La moitié de la population marche pieds nus : telle est sa misère, que l'espèce humaine s'y rapetisse et se dégrade. »

Oui, mille fois oui. Et la cause en est, en ce que tels et tels, d'abord marchant pieds nus, puis se pavanant en carosse, se sont fait un *calus* de la tête aux pieds, y compris le cœur.

« Il faut être aveugle, pour ne pas voir les progrès qu'ont fait l'agriculture, l'industrie, le commerce, la richesse individuelle, et le bien-être des masses. »

Rien n'est plus vrai, sauf la pointe de phrase.

Sans doute la richesse individuelle de certains individus est en progrès : et dès-lors, pourquoi, comment ne pas la taxer et sur-taxer.

Mais le bien-être des masses, au moins dans les trois quarts du pays, est en stagnation sinon en déclinaison.

Eh! qu'on prenne la peine de lever les stores de sa voiture, de jeter un regard de droite et de gauche, sur la route.

« Le pays a pu absorber cinq milliards d'effets publics ; les propriétés ont augmenté de prix : les salaires se sont élevés en proportion ; les produits de nos taxes vont en augmentant. »

Tout est vrai encore, sauf que les salaires ne se sont élevés que sur quelques points fort restreints ; et que l'élévation des salaires n'importe qu'à la classe peu considérable des ouvriers proprement dits.

La France est justement représentée sous l'image d'une araignée de cave, énorme en ventre et maigre de membres.

« La France considère l'amortissement comme un service obligé. »

Bon pour la France du Palais royal, de la

chaussée d'Antin, de Paris peut-être : attendu que cette France postiche, n'a qu'à récolter; et que les fruits mûris à grande peine, lui tombent dans la main.

Néant, pour la France totale, sauf le coin de Paris; pour la France qui laboure de ses sueurs et sème de son sang, au profit de qui il appartiendra; pour la France qui paye, pour ce service 120 millions bruts, en personnel, portes et fenêtres, sels, etc., etc.

La France vraie ne considère qu'un service obligé, purement et simplement, DE VIVRE.

Et grâce à vous, elle n'y peut mais....

« On OSE nous dire ensuite : Finissez-en avec le ruineux crédit, et avec les impôts qui pèsent sur le peuple. »

ON OSE..............................

Mais Henri IV et Louis XVI consultaient; Louis XIV et Napoléon écoutaient.

ON OSE..............................

Mais le peuple, ce peuple souverain, n'a-t-il pas au moins, le droit de prier d'en finir avec les impôts qui pèsent sur lui.

Quant au ruineux crédit, on le sait trop bien, il n'est pas ruineux pour tout le monde.

« J'arrive au reproche de violation de la charte, par l'inégalité de l'impôt; *il repose sur une confusion d'idées et de mots.* »

On va voir de quel bord est la confusion.

« Ce que la charte a consacré, c'est que chacun paiera l'impôt en proportion de ce qu'il possède, *ou consomme en objets imposés.* »

La Charte dit : les français contribuent indistinctement, dans la proportion de leur fortune, aux charges de l'Etat.

Or, le mot de fortune se rapporte nettement et pleinement à ce qu'on possède, et non point à ce qu'on consomme : par la raison que l'un consomme plus, et que l'autre consomme moins que ce qu'il possède.

De là, il n'y a rien de valide à la rigueur, que l'impôt foncier qui se prélève au prorata du revenu ; et l'impôt universel ou *l'incôme tax*, qui est perçu à raison du revenu provenant de toute source quelconque.

De là, l'impôt mobilier n'est licite, qu'autant qu'il est assis, en rapport de la dépense totale.

Quant à l'impôt indirect, pour rentrer dans le droit, sa tâche consiste à atténuer, à effacer la différence qui se rencontre entre ce qu'on possède, et ce qu'on consomme.

Il lui est prescrit de frapper ce qu'on consomme en la façon la plus générale, la plus égale ; afin que ce qu'on possède, soit, en tous cas, atteint le plus proportionnellement qu'il se puisse.

Il lui faut être varié et avoir *sa part en toutes choses*, comme l'a dit le ministre du commerce, qui n'a pas toujours tort.

Ainsi, son collègue *se repose sur une confusion d'idées et de mots* ; en interprétant la charte dans ce sens, que chacun doit payer en proportion de *ce qu'il consomme en objets imposés.*

Lorsque, au contraire, c'est la loi de finances, qui doit imposer ce qu'on consomme; de telle sorte que chacun soit chargé pour ce qu'il consomme, en juste rapport de ce qu'il possède, et que nul ne le soit dans le rapport inverse.

Voyez où un esprit distingué est mené par cette confusion d'idées et de mots.

La charte n'a pas voulu et n'a pu vouloir la proportionnalité calculée sur le revenu individuel : cette proportionnalité n'est qu'une théorie à jamais inapplicable. »

Voilà le fisc mis à l'aise. Soit qu'on n'admette pas la théorie de la proportionnalité, ou qu'on ne la calcule pas sur le revenu individuel, de même, il n'a plus à se gêner, à s'ingénier.

Et la taxe du sel, l'impôt sur le pain, sont sanctifiés : bien qu'en ces deux denrées, chacun consomme plus, d'autant qu'il possède moins.

Et la bonté du subside n'a d'autre signe que de rentrer vite, de coûter peu.

Tant bien que mal, il faut que la conscience s'en arrange.

« La prospérité de l'Etat fait que le travail abonde ; et alors c'est le riche qui paie finalement l'impôt de l'ouvrier. »

Mais n'est-ce pas là une théorie aussi; une théorie trop souvent inadmissible.

D'abord, *prospérité de l'État*, qui du moins pour l'instant n'existe pas.

Puis, *abondance du travail*, dont au moins les trois quarts de la population ne profitent pas.

Enfin, *le riche payant l'impôt*: finalement c'est-à-dire, et non sans risques, non avant pertes.

Il en a été dit assez sur ce point : en réfutant un ministre, c'est réfuter l'autre.

Leur accord est parfait. Il n'y a dissidence, qu'entre eux, accompagnés de leur cortège obligé de parasites; et notre France composée de 25 à 30 millions d'hommes libres, d'hommes égaux, dit-on.

( *M. Demarçay.* ) « Je porte le nombre des chefs de famille et des propriétaires compris sur le rôle des contributions foncières, au moins à 7 millions, qui forme avec leurs enfans, leurs héritiers directs, le nombre de 26 à 28 millions. »

( *M. de Rambuteau.*) « Il résulte des faits ci-dessus : que le sol de la France étant possédé par plus de 5 millions de propriétaires chefs de famille, environ 22 à 25 millions de sa population, sont intéressés à la propriété. »

Le nombre des propriétaires cotisables, est fort exagéré; même en y comprenant le paysan qui ne possède qu'une maison et un jardin, d'une valeur locative de 12 à 30 francs.

Dans les villes, sur huit millions d'habitans, sept millions au moins, n'ont aucune propriété : dans les campagnes, autour des grandes fermes et parmi les petites métairies, un nombre plus grand encore, n'a tout au plus que sa chaumière.

Le relevé opéré par la *Tribune*, dans quatre communes rurales, ne s'éloigne pas de la vérité.

« Il y a 3/16 des individus sans aucune sorte de propriété.

6/16 payant 10 francs et au-dessous de contribution,

5/16 payant 10 à 20 francs.

2/16 payant 20 francs et au-dessus.

« Nous demandons s'il n'est pas dérisoire d'appeler *propriétaires*, des pères de famille imposés à 6 francs ; si, avec le travail possible, une chaumière et trente pieds carrés de terrain peuvent produire un revenu : si un héritage qui se vend 60 ou 100 francs, est une propriété productive.

« Ce sont ces propriétaires de la façon du *Nouvelliste*, qui, chassés par la faim, vont servir de moissonneurs, de domestiques, de porteurs d'eau, de soldats remplaçans : ce sont ces propriétaires, dont les filles se font servantes à 36 francs de gages, et qui vivent de sarrazin, de châtaignes, de pommes de terre, et d'eau. » (*La Tribune*, 23 avril.)

Y compris les sept millions de prolétaires des villes, il y a au-delà de vingt millions d'individus non cotisables, ou cotisables au-dessous de 10 francs ; ce qui ne diffère nullement.

D'où les orateurs se sont étrangement trompés, ainsi que le journal ministériel qui reconnaît 28 millions de propriétaires, et se complaît à les investir de l'aisance.

« On jouit de l'avantage de travailler sur son propre

terrain, qui rapporte infiniment plus que s'il était loué. Telle est la position de la classe nombreuse des propriétaires français : presque tous vivent sur leurs propriétés qu'ils cultivent. (*Nouvelliste*, 22 avril.)

(*M. Demarçay*). « Prenez ces prolétaires des villes ; examinez ce qu'ils gagnent, et comparez-le avec ce que gagne le petit nombre de prolétaires des campagnes ; je vais plus loin, le grand nombre de petits propriétaires de campagne : vous verrez qu'ils dépensent beaucoup plus. »

(*M. de Rambuteau.*) « Il faut connaître combien l'avance de l'impôt est onéreux, aux petits propriétaires, pour apprécier la charge que quelques centimes viennent ajouter à leur détresse.....

« La nécessité d'avancer l'impôt direct, *souvent quand il n'a pas d'argent*, tandis que l'impôt indirect se paie, alors qu'on achète par petite partie et presque d'une manière insensible, a une grande faveur auprès du propriétaire. » (*Littéral.*)

Ces paroles viennent justement à l'appui des dernières observations.

Pourquoi les propriétaires de campagne sont-ils plus misérables que les prolétaires de ville ?

C'est qu'aux trois quarts du nombre, ceux-là ne possèdent qu'une chétive demeure, à la charge de l'acquit des impôts foncier, mobilier, personnel, portes et fenêtres, qui équivalent à peu près au loyer quitte de charges, de ceux-ci.

C'est qu'en outre, ou ils ne trouvent pas de travail, sauf par la voie d'échange ; ou ils ne trouvent de travail qu'à un prix très inférieur.

Pourquoi les petits propriétaires sont-ils dans la détresse, et ont-ils tant de peine, à payer quelques centimes de plus, à avancer l'impôt direct

Les mêmes raisons l'expliquent.

Or de tels aveux devraient faire comprendre, que ces malheureux, décorés par courtoisie ou par ironie du vain titre de propriétaires, gagneraient fort à être dépouillés de cet insigne honneur, à être discernés et séparés des propriétaires réels, dont le bien exploité par le travail, suffit aux premières nécessités;

Et que ne possédant en propre que le logement, comme les prolétaires ne possèdent que le vêtement, ils auraient droit de même à l'exemption des quatre impôts directs : ou, par la compensation la plus légitime, au dégrèvement de telle taxe, indirecte ou non; qui, en tout cas, s'en vient à terme fixe, soit d'un, de deux, de trois mois, exiger d'eux, tant de sous ou d'écus, dont la somme au bout de l'an s'élève au-dessus du taux de leur cote foncière.

D'autant, quoi qu'en dise le dernier orateur, qu'il ne se peut que l'impôt indirect se paie plus facilement, par la raison qu'on achète par petite partie : attendu que l'impôt direct se paie également par petite partie;

Qu'il ne se peut que le premier impôt se paie presque d'une manière insensible; attendu que l'argent est de même poids et au même titre, à mettre dans les mains du collecteur d'impôts ou du débitant de sels; et que devant le débitant, comme devant le collecteur, se rencontre tout de même, *la nécessité d'avancer l'impôt, souvent quand on n'a pas d'argent.*

( *M. de Rambuteau.* ) « Il est maintenant établi que plus des deux tiers de l'impôt étant supporté par des chefs de famille, ayant moins de mille francs de revenu, ne peut porter que sur le nécessaire.....

« Toutes les fois qu'une augmentation subite d'impôt vient frapper le propriétaire qui a seulement le nécessaire pour lui et sa famille, il ne peut prendre sur un superflu qui n'existe pas : c'est donc sur la portion reproductive, qu'il prélève ce supplément d'impôts. »

Certes, il est établi que plus des deux tiers de l'impôt foncier, est supporté par des chefs de famille, ayant moins de mille francs de revenu :

Voire même, que près de la moitié dudit impôt est supporté par des chefs, ayant moins de cent francs de revenu, pour l'entretien d'une famille de quatre ou cinq personnes.

Et s'il est supposé qu'à l'égard des premiers chefs, à mille francs de revenu, cet impôt tel qu'il est, ne peut porter que sur le nécessaire; *à fortiori*, il est avéré que pour les derniers chefs à cent francs de revenu, tout impôt quel qu'il soit ne peut porter que sur le nécessaire aussi, et sur un tout autre nécessaire, sur un nécessaire absolu :

S'il est supposé dans un cas, que *le supplément,*

*qu'on ne peut prendre sur un superflu qui n'existe pas, serait prélevé sur la portion reproductive :* laquelle expression paraît exprimer le fond en matières et en monnaie, destiné à l'œuvre de la reproduction des fruits;

*A fortiori*, il est avéré que l'impôt actuel, qu'on ne peut prendre sur le superflu non existant, est prélevé sur la portion reproductive : laquelle expression signifie ici, le fonds de substances et d'écus, prédestiné à l'œuvre de la reproduction des forces, et par suite des travaux, et en conséquence des fruits.

De là, quant au remplacement de la taxe des sels, à la charge de l'impôt foncier, la question consiste à savoir : ce qui est le plus sacré, du nécessaire plus ou moins relatif, et du nécessaire tout-à-fait absolu; ce qui est le plus précieux, de l'œuvre de la reproduction directe des fruits, et de l'œuvre de la reproduction consécutive, 1° de la vie, 2° de la force, 3° du travail, 4° du produit.

# DOCUMENS

SUR

# LES EMPLOIS DU SEL.

---

(*M. Chaptal*, tom. 1er, page 307, 1829.) Pour sentir tout le mal que fait à l'agriculture l'impôt sur le sel, il suffit de faire connaître l'utilité de son emploi.

Le sel est le premier besoin pour les animaux ruminans: il sert d'assaisonnement à leur insipide nourriture; il excite les forces de leurs estomacs membraneux et débiles; il prévient les obstructions et les engorgemens que produisent constamment les fourrages secs pendant l'hiver.

On a généralement observé que ceux de ces animaux qui broutent habituellement des plantes salées, sont préférés dans le commerce, et que leur chair est de qualité supérieure.

Il n'y a pas d'agriculteur qui n'ait pu comparer entre eux, à la fin de l'hiver, les animaux qui ont constamment reçu leur ration de sel et ceux qui en ont été privés : les premiers sont bien portans, forts et gras; leur poil est luisant, l'œil vif, et les mouvemens prompts et assurés: les seconds offrent l'image de la misère et des souffrances; les bêtes à laine ont perdu la presque totalité de leur toison avant la tonte; et ce qui en reste se détache et tombe en flocons. Les bœufs sont exténués et souffrans ; leurs viscères sont engorgés ; ce n'est qu'après avoir brouté les herbes fondantes du printemps que leur santé se rétablit.

Pendant le temps que le commerce du sel a été libre et dégagé de tout impôt, l'agriculteur en étendait l'usage chaque année; il le mêlait avec ses engrais pour les rendre plus actifs ; il le répandait au pied de ses arbres languissans pour en ranimer la végétation; il multipliait ses salaisons, soit pour les livrer au commerce, soit pour les employer à sa nourriture.

L'impôt sur le sel est une vraie calamité pour l'agriculture : il a tari plusieurs sources de sa prospérité, et il lui coûte infiniment plus qu'il ne rapporte au trésor public.

Ce n'est pas tout que d'établir un impôt, il faut encore le raisonner et en prévoir toutes les conséquences. Tel impôt qui produit dix millions peut appauvrir la nation de plus de cinquante, et dès lors c'est un fléau pour tous.

De quelque manière qu'on remplaçât l'impôt du sel, je doute qu'on pût en trouver de plus désastreux. Tous les dégrèvemens qu'on pourra prononcer sur les contributions devraient porter sur cet impôt; et pour en hâter et faciliter la suppression dans les campagnes, on pourrait maintenir les droits sur la consommation des villes où le sel ne forme qu'une faible partie de la dépense de chaque ménage.

( *Discours de M. Sirieys*, avril 1829.) Il n'y a pas un individu qui paie 20 ou 30 sous d'impôt personnel, qui ne paie 15 francs d'impôt sur le sel. Sous ce rapport, il me semble qu'on doit examiner s'il ne serait pas utile de diminuer ce dernier impôt.

Le rapporteur a dit qu'il avait manqué de renseignemens sur ce qui concerne cette question en France : s'il avait voulu lire les votes des conseils-généraux, il aurait vu que trente-cinq départemens demandent, tous les ans, la diminution de l'impôt sur le sel : il aurait vu que depuis quinze ans, les propriétaires des salines n'ont cessé de réclamer contre un impôt qui leur enlève les trois quarts de leurs revenus.

Cet impôt fait aussi un tort considérable à l'agriculture : la pourriture est une maladie qui enlève chaque année un grand nombre de bestiaux qu'on ne peut guérir qu'en leur donnant du sel.

Enfin, les départemens qui élèvent des bestiaux et qui font des fromages, souffrent beaucoup plus de l'impôt sur le sel que les autres départemens qui n'élèvent pas de bestiaux et qui ne font pas de fromages....

Je suis d'accord avec M. le directeur-général ; la différence provient de ce que le pauvre consomme beaucoup plus de sel que le riche, et qu'ainsi c'est sur lui que porte principalement la taxe.

(*Discours de M. Marchal.*) Sur la première proposition, je ne vous répéterai pas ce qui a été dit tant de fois, ce que vous savez, Messieurs, que l'impôt sur le sel est le plus onéreux et le plus injuste.

Le plus onéreux, en ce qu'il atteint une substance essentielle à la classe pauvre ; en ce qu'il prive l'agriculture d'une substance dont l'emploi lui serait si avantageux, et pour féconder les terres, et dans la nourriture des animaux.

Le plus injuste, en ce que l'inégale répartition de l'impôt en fait reposer presque tout le poids sur les classes ouvrières et malheureuses, en ce que le sel fait l'assaisonnement et la salubrité de la nourriture du pauvre.

Lorsqu'une substance est essentielle à la santé des hommes, le gouvernement doit en faciliter la consommation, et non la restreindre par un énorme impôt. La profusion avec laquelle cette substance est répandue dans la nature, indique assez son indispensable nécessité ; et vous devez juger qu'il est inhumain, qu'il est injuste, qu'il est impie, d'en arrêter la consommation.

Que diriez-vous, si le gouvernement proposait un impôt sur l'eau qui se consomme dans chaque ménage ? Des liens de nécessité attachent l'usage de l'une et de l'autre substance à la santé des hommes.

( *Discours de M. Laffitte* ( juillet 1829. ) Il n'y a malheureusement aucun doute sur la nature et les effets de l'impôt du sel, le plus onéreux et le plus intolérable de tous. Cependant, les agriculteurs ne sont pas tous d'accord sur les divers usages que l'on pourrait faire du sel, tous ne croient pas qu'il pût devenir un engrais fort utile, ni que le bas prix, si on l'obtenait, en fît consommer par les bestiaux beaucoup plus qu'il ne s'en consomme aujourd'hui : mais tous sont d'accord sur l'énorme part qu'il a dans la consommation des cultivateurs. Tandis que la contribution personnelle produit vingt millions, l'impôt sur le sel en produit plus de soixante ; il forme ainsi une capitation triple de la première, qui frappe sur le peuple, principalement sur le peuple des campagnes plus pauvre que celui des villes, et ajoute un grand poids à ses charges.

Indépendamment de cette considération, il est d'autres raisons puisées dans l'intérêt de la production agricole, qui aurait grand besoin qu'on diminuât ses frais et qu'on lui laissât plus de capitaux.

Avec ce penchant des peuples à s'isoler, à faire tout par eux-mêmes en renonçant à l'échange de leurs produits, il faut qu'ils songent à vivre chez eux et à se pourvoir du nécessaire ; il faut qu'ils songent à nourrir cette immense population qui déborde de toutes parts, que les épidémies, les guerres et les colonisations n'absorbent plus ; tandis qu'au contraire la vaccine, l'aisance, et de meilleures mœurs, non-seulement en augmentent le nombre, mais encore ajoutent à la durée de la vie des hommes. Avec le développement extraordinaire de la production manufacturière, et la diminution des débouchés extérieurs, il faut que la production agricole se développe dans la même proportion, pour que l'un et l'autre se paient mutuellement.

Je ne suis pas de ceux qui en matière d'impôt disent : supprimez, vous remplacerez ensuite ; mais je ne suis pas de ceux qui disent : maintenez un impôt, il est bon, parce qu'il existe.

(*Discours de M. de Thiard.*) Le sel est un aliment de première nécessité pour tout le monde ; le pauvre en consomme plus que le riche, et cet impôt atteint l'un et l'autre sexe, l'enfance comme l'âge mûr. Le sel est taxé à 30 fr. le quintal métrique, c'est-à-dire trente fois sa valeur ; on n'est pas d'accord sur la consommation qui s'en fait, et on varie de 15 à 20 livres par tête, et par conséquent de 2 à 3 fr. de produit pour le fisc.

Une famille composée de quatre ou cinq individus, et c'est le terme moyen, paie de 10 à 12 fr. par an à l'Etat, et le plus petit propriétaire cultivateur, obligé de nourrir au moins deux ou trois domestiques, mâles ou femelles, paie de 15 à 18 francs.

Cet impôt est une des causes du peu d'aisance des journaliers ou manœuvres qui travaillent à la terre ; sa suppression qui les soulagerait serait aussi avantageuse aux propriétaires : elle augmenterait la consommation, elle donnerait aux nourrisseurs de bestiaux, la facilité de soutenir la concurrence avec l'étranger; elle préserverait nos troupeaux de maladies contagieuses qui affligent trop souvent nos campagnes. Observez encore, messieurs, que dans le voisinage des salines et dans les contrées favorisées par la commodité des transports, le sel serait d'une grande utilité comme engrais.

Pour combler ce déficit, outre le moyen que j'ai indiqué plus haut, il en est un conforme en tous points à l'équité, qui excitera peut-être quelques murmures dans une partie de cette assemblée, et quelques préventions au dehors; mais, qu'après un mûr examen, je n'hésite pas à vous indiquer.

En effet, messieurs, si nous considérons les diverses classifications dans lesquelles les propriétés foncières se trouvent réparties, nous voyons que sur dix millions de cotes, quatre cent mille seulement sont au-dessus de cent francs; mais comme plusieurs de ces cotes sont réunies dans les mêmes mains, il en résulte que le nombre réel des propriétaires n'est que de cinq millions, dont seulement cinq cent mille au-dessus de cent francs.

Or, l'impôt du sel, devant être calculé sur le prix de 10 à 12 fr. par ménage, il est évident que le dixième ajouté à la contribution foncière, n'inflige aucune charge à tout propriétaire imposé à cent francs et au-dessous, c'est-à-dire aux neuf dixièmes de la totalité des propriétaires du royaume; et qu'au-dessus de cette cote, le nombre des personnes composant le ménage, augmentant nécessairement, et supportant une taxe de 2 fr. 50 c. par tête, le contribuable sera, malgré l'augmentation du dixième, dans une situation semblable à celle où il était; et il y a trois cent mille propriétaires dans cette catégorie.

Ainsi les fortunes plus élevées seront donc seules atteintes ; et ce doit être précisément le but du législateur.

( *Discours de M. Labbey de Pompière.* ) M. le rapporteur de la commission de recettes a dit : « Si les « charges sont mal réparties, si elles pèsent sur une « classe de citoyens plus que sur une autre, dès lors elles « deviennent insupportables et sont une source de mé- « contentemens et de plaintes. »

Ce principe incontesté jusqu'à ce jour, trouve son application dans l'impôt sur le sel ; cette denrée étant de première et absolue nécessité, la taxe qui pèse sur elle n'est point un impôt volontaire, condition nécessaire de l'impôt indirect : c'est une imposition forcée. Or, pour tous ceux qui connaissent l'économie rustique, qui ont vécu au milieu des hommes, dont les sueurs fécondent la terre, il est constant que sur trente livres de sel consommées par deux individus, l'agriculteur ou le journalier en consomme vingt-cinq livres, lorsque cinq suffisent aux besoins du riche : est-il une inégalité plus choquante ? est-il un écart plus frappant de la charte ?

Jetez les yeux, messieurs, sur ces vastes campagnes, où l'habitant laborieux ne se nourrit que de sarrasin, de maïs, de pommes de terre, de châtaignes, alimens sans saveur, indigestes sans le sel qui en corrige l'insipidité. Parcourez la France du nord au sud, de l'est à l'ouest : la soupe du laboureur se compose d'eau et de sel.

( *Le Globe*, septembre 1831. ) L'utilité de l'emploi du sel pour les bestiaux est un fait si connu dans les pays où le bas prix du sel a permis de leur en donner en quantité suffisante, que nous n'insisterons pas longuement sur un point qui est véritablement aujourd'hui de notoriété publique. Que l'administration s'enquière, par exemple, des causes de la supériorité du bétail de Bade, de Darmstadt et du Wurtemberg sur le nôtre ; et elle reconnaîtra que cette supériorité tient en grande partie à l'usage du sel.

En France même, croit-on que la qualité des herbages de la Normandie tienne à une autre cause qu'au voisinage de la mer, qui imprègne de sel les belles prairies de l'Auge, de la Toucques, de la Rillé, où paissent les plus superbes troupeaux de France? Dans les violentes tempêtes, dit Davy (*Élémens de Chimie agricole*, tome II, page 84), les flots, divisés par les vents, jaillissent à plus de 50 milles dans les terres, et leur fournissent du sel. La supériorité des moutons de *prés salés* a-t-elle une autre origine?

Qui ne connaît l'instinct avec lequel les grands troupeaux de buffles, dans le Nouveau-Monde, ont découvert, à travers les forêts qui couvraient ces immenses contrées, toutes les sources salées, tous les affleuremens des mines de sel! Toutes les mines de cette nature dans le Kentucky, l'Ohio, l'Indiana, le Missouri, ont été trouvées en suivant les *sentiers de buffles* ; il n'est pas si petit village, s'élevant autour d'une mine de sel, dont l'exploitation commence, qui ne porte le nom de *buffaloe*.

Quant à l'emploi du sel pour l'amélioration du sol, il s'appuie sur des faits moins précis; son utilité ne paraît cependant pas douteuse. On en répandait au pied des oliviers de la Provence, quand il était franc d'impôt : ce fait est-il contesté par l'administration?

L'auteur de la note semble croire d'ailleurs qu'en général il s'agirait de répandre du sel sur la terre, comme on le fait des engrais végétaux, et il en conclut que, même affranchi de l'impôt, le sel serait trop cher pour cet objet; mais il n'en est pas ainsi. « On le mêlait au fumier « pour exciter la végétation, » dit M. Chaptal. M. Davy montre que c'est ainsi qu'on en doit faire usage. » Sir « John Pringle a prouvé, dit-il (tome II, page 82), que, « pris en petite quantité, il favorise la décomposition « des substances végétales et animales..... Son efficacité « me paraît suffisamment établie lorsqu'il est appliqué à « *légères doses*. »

« Les fermiers de Cheshire attribuent l'abondance de leurs récoltes aux rebuts de muriate de soude (sel commun) qu'on emploie aussi dans le Cornwall. »

.....................................

Quand on veut calculer les dépenses de l'ouvrier et les charges du pauvre, rien de plus inexact que les supputations générales, que cette confusion des consommations de la classe riche et de la classe malheureuse.

Le pauvre mange plus de sel que le riche; le sel est le seul assaisonnement de sa soupe sans viande, et souvent sans légumes. Le pauvre n'a pas d'épices. De plus, la famille du pauvre est toujours plus nombreuse que celle du riche.

La consommation de l'ouvrier ne peut pas se calculer à moins de 20 livres par an, et pour sa femme et ses trois enfans, à moins de 100 livres; ce qui lui fait supporter annuellement un impôt de 15 fr., et par mois de 1 f. 25 c. Or, 1 f. 25 c. composent le bénéfice que peut faire le pauvre en huit à dix jours de travail. Tel est le véritable aspect sous lequel se présente la question de l'impôt du sel comme alimentaire. On n'a pas seulement à reprocher à cet impôt de frapper également le pauvre et le riche, mais de frapper beaucoup plus le pauvre que le riche.

Mais, dit l'administration, « demandez à l'immense « majorité du peuple, si elle sait comment se perçoit « l'impôt du sel, elle vous répondra qu'elle n'en sait « rien; parce qu'en effet les formes de cet impôt échap- « pant en quelque sorte à sa vue, n'entraînent aucune « gêne, et ne se manifestent par aucune mesure vexa- « toire. » (*Page* 9.)

Étrange raisonnement, bien dépouillé, en effet, de *tout esprit de fiscalité!* Eh! sans doute, l'impôt échappe à la vue du pauvre; il ne *sait* pas comment vous le percevez : est-ce à dire qu'il ne le *sente* pas? Essayez de ne lui faire payer le sel que quelques centimes la livre, au lieu de cinq sous, et le concert de bénédictions que vous recueillerez, vous apprendra si en effet l'impôt n'est pas senti.

(*Le Finistère*: extrait *du Temps* : 1832.) Nous avons déjà parlé plusieurs fois de l'impôt sur le sel. Nous donnerons ici, le résumé des réponses faites au préfet du Finistère sur les diverses questions présentées par lui relativement à cette taxe.

Il résulte de ces réponses qu'il existe dans notre département (direction de Brest) 13 ports où il arrive du sel; que la consommation de cette denrée dans la direction de Brest est, terme moyen, de 3,205,546 kil. par an. La quantité délivrée en franchise aux pêcheurs est de 374,947 kil.

Le sel consommé dans le Finistère provient des marais de la Loire-Inférieure, de la Vendée et de la Charente-

Inférieure. La valeur intrinsèque du kilogramme de sel est à peu près de 5 c.

Les consommateurs de sel se partagent en deux classes: l'une plus pauvre, ne faisant pas de salaisons, consomme par tête dans le cours de l'année 18 l. 63 de sel acheté en nature: mais il entre dans le régime alimentaire de cette classe, une certaine quantité de viande salée qu'elle achète par petites portions. On peut évaluer la consommation de sel ainsi faite à 1 l. 23 par tête; ce qui donne pour la consommation totale par tête de la classe la plus pauvre 19 l. 86.

La seconde classe, composée des cultivateurs ou des ouvriers des villes les plus aisés, consomme une quantité moyenne de 24 livres de sel.

On voit que la moyenne consommation de sel dans le Finistère, dépasse de beaucoup celle de toute la France, qui n'est évaluée qu'à un peu plus de douze livres par tête. On peut trouver la cause de cette différence dans le genre d'alimentation de nos prolétaires, et surtout dans les habitudes contractées à une époque où le sel était exempt de droits en Bretagne.

Maintenant voyons quelle charge, l'impôt du sel apporte à chacun de nos compatriotes.

Pour une famille de fermiers composée de huit personnes, la charge est par année de 28 f. 80 c.

Pour une famille pauvre de journaliers, composée de six personnes, la charge est par année de 17 f. 10 c.

Pour la première, c'est la valeur de deux hectolitres de froment.

Pour la seconde, la valeur de vingt-quatre journées de travail.

Deux hectolitres de froment!..... c'est-à-dire le 7e du produit d'un hectare de terre.

Vingt-quatre journées de travail! c'est-à-dire la treizième partie du gain du journalier.

Et ces deux classes comprennent la population presque entière; car, l'administration l'a déclaré elle-même, de tout le sel consommé dans notre pays, les 4|5 sont consommés par les classes pauvres dont nous venons de parler. Ces chiffres sont plus éloquens que les phrases les plus énergiques; ils sont accablans.

Ils vont passer sous les yeux du pouvoir: plaise à Dieu qu'il les comprenne!

L'opinion seule jusqu'à présent a fait ses révolutions: tremblons que la faim ne fasse les siennes!

( *Mémorial encyclopédique* : août 1832 ). Dans un beau mémoire, couronné en 1831 par l'académie du Gard, et intitulé *Recherche sur l'emploi des engrais salins en agriculture*, M. Lecoq, professeur d'histoire naturelle à Clermont-Ferrand, a traité cette question avec un talent d'analyse et d'observation très remarquable. Dans la première partie, M. L. fait connaître l'influence immédiate des substances salines solubles dans l'eau, sur la végétation, et se résume ainsi: ces engrais ont une action chimique sur le sol et sur les végétaux, et une action physiologique sur les tissus des plantes. Les effets chimiques sur le sol consistent à en changer la nature par de nouveaux composés résultant de leur décomposition; l'influence sur les plantes consiste à altérer ou même détruire plusieurs d'entre elles sans attaquer les autres. Quant à l'influence sur les tissus des plantes, ils leur donnent, et surtout aux feuilles, la faculté de décomposer plus fortement l'acide carbonique de l'air pour s'en approprier le carbone ; ils donnent plus de consistance aux parties vertes et leur communiquent une grande force d'inspiration qui les empêche de se dessécher aussi facilement, et leur font absorber, pour ainsi dire, toute leur nourriture dans l'air; ils n'agissent que sur les végétaux exposés au soleil, et nuisent à la végétation dans les lieux ombragés.

Les engrais salins peuvent être appliqués avec avantage sur toute espèce de terrain; ils conviennent spécialement aux terrains secs, légers, exposés à la sécheresse et soumis à l'action des rayons solaires; ils produisent aussi de très bons effets dans les prairies humides; mais on doit alors les employer à plus forte dose que sur les terrains secs. Les proportions qui paraissent donner les résultats les plus avantageux sont celles de 300 à 600 livres par hectare : 300 livres conviennent mieux aux fourrages artificiels et aux prés; 600 livres produisent une très belle végétation sur les céréales. Ces proportions doivent varier suivant la nature des terrains; celles de 300 à 500 livres conviennent le mieux aux terrains légers. On peut les porter à 600 livres, pour les foins, et mieux encore jusqu'à 1200 dans les terrains marécageux et humides. On peut même, dans cette circonstance, doubler cette quantité sans nuire à la végétation. Ces doses sont celles du sel marin.

Le sel marin pourrait, dans certains cas, tenir lieu de plâtre pour les prairies artificielles, en remplaçant 5,000 livres de plâtre par 300 livres de sel. La meilleure époque pour répandre les sels sur le sol est celle où les jeunes plantes commencent à se garnir de feuilles. A l'époque de la germination, ils sont plus nuisibles qu'utiles. Les sels ne favorisent la production des graines qu'autant qu'ils sont associés à des engrais organiques; ils retardent la maturité des plantes en donnant plus de développement aux parties foliacées, et s'opposant ainsi à l'évaporation des liquides qu'elles renferment. Enfin l'écobuage rentre dans la classe des engrais salins, puisqu'il a pour objet de former des sels avec les matières organiques que le sol contient. et d'exercer ainsi une très grande influence sur la végétation.

(*Journal des Connaissances usuelles, mai 1832.*) Pour favoriser l'agriculture, le gouvernement doit en première ligne encourager de tous ses efforts l'élève des bestiaux, la première et la plus utile des branches agricoles à propager, parce que les classes laborieuses seraient immédiatement mieux nourries, et que les cultures auraient plus d'engrais.

Il eût été à désirer que la chambre des députés, lors de la discussion sur l'impôt, modifiât la loi sur l'impôt du sel; aucune substance n'est peut-être plus utile à l'agriculteur pour soutenir et encourager ses efforts. (Page 201)......

L'alimentation des animaux, a besoin, comme la nôtre, d'être variée pour être favorable; notre cuisine, en dénaturant les mets, nous les rend plus faciles à digérer; le sel produit sur les alimens des animaux le même effet; la quantité énorme de matières introduites dans l'estomac des herbivores a besoin d'être mêlée avec un stimulant qui en favorise la digestion.

Le sel est plus nécessaire au printemps et à l'automne que pendant l'hiver et l'été, dans les pays tempérés que dans les climats chauds ou froids, dans les pays bas et humides que dans ceux qui sont secs ou élevés; il convient aux animaux qui ont un tempérament humide, lymphatique.

Les alimens, contenant beaucoup d'eau et qui n'ont point fermenté, ceux qui sont peu succulens et se digèrent difficilement, ceux qui sont altérés ou récoltés dans les mauvaises saisons, les alimens trop forts, trop substantiels, tels que les tourteaux. les résidus de pulpe de pommes de terre, de betteraves, doivent être assaisonnés avec du sel. (Page 202.).....

On voit par ce qui précède, que les bons effets du sel se signalent par la stimulation utile qu'il produit sur l'estomac, qui digère mieux et qui demande plus souvent, par des excrétions plus réglées, par une secrétion plus grande des urines; les animaux mieux alimentés, engraissent plus vite; leur lait est plus substantiel et les produits qu'on en retire de qualité supérieure; les animaux, jouissant de plus de santé, sont plus féconds; le sel prévient les suites funestes de la mauvaise nourriture; la pourriture et les vers ne se montrent pas; et l'animal reste toujours l'œil vif, le poil frais et luisant; sa chair est plus savoureuse; la laine des moutons est plus touffue, plus élastique, plus soyeuse. Lorsque l'usage du sel est dirigé avec discernement, les animaux sont moins sujets aux épizooties, parce que, se portant bien, ils ont plus de moyens de résister aux influences nuisibles. (Page 204)....

Lors de la fenaison on fait sécher du sel sur le feu, et, après l'avoir réduit en poudre fine dans un mortier en fer, on le jette en rangeant par couche le foin dans les greniers; ayant soin de le répandre également à mesure que l'on entasse le fourrage.

Par cette préparation, le foin se conserve mieux, ne

contracte pas de mauvaise odeur, et ne s'altère point par une fermentation trop souvent nuisible. Cette pratique peu dispendieuse est regardée par quelques agriculteurs comme un des meilleurs moyens que l'on puisse employer pour conserver la santé aux animaux, et leur éviter les chances d'infection en cas d'épizootie.

Dans les années où le fourrage est altéré par la pluie, il est de toute nécessité d'employer le sel. Cette méthode donne une qualité qui manque et arrête une altération plus grande : mais il est alors nécessaire d'augmenter la dose du sel; il est d'expérience que douze livres de foin salé nourrissent mieux que quinze livres de foin naturel.

(*Journal du Commerce* : mars 1833.) Nous répéterons que nous sommes ennemis de l'impôt sur les sucres comme de tout impôt de consommation, convaincus que nous sommes que les taxes directes doivent former les principaux élémens de notre système financier. Mais il y a d'autres impôts indirects qu'il est plus important de diminuer que celui des sucres, parce qu'il y a d'autres objets de consommation plus répandus et plus imposés; tels sont le sel que Béranger a appelé le sucre du pauvre, et le vin qui soutient l'ouvrier dans ses travaux manuels. Qu'on refonde entièrement nos impôts, et l'on pourra songer à dégrever le sucre; mais dégrever le sucre sans dégrever le sel et le vin, ce serait une haute immoralité.

DE L'IMPRIMERIE D'A. PIHAN DE LA FOREST,
RUE DES NOYERS, N° 37.

www.ingramcontent.com/pod-product-compliance
Ingram Content Group UK Ltd.
Pitfield, Milton Keynes, MK11 3LW, UK
UKHW020448180726
13839UKWH00004B/1694